VENTE

du Vendredi 26 Janvier 1912

HOTEL DROUOT — SALLE N° 1

A 2 HEURES 1/4

EXPOSITION PUBLIQUE

le Jeudi 25 Janvier 1912

DE 2 HEURES A 6 HEURES

OBJETS ANCIENS DE LA PERSE

ET DE

L'EXTRÊME-ORIENT

Faïences, Porcelaines, Marbres

TAPIS DE PRIÈRE & DE MOSQUÉES

OBJETS D'ART EUROPÉENS
Meubles de style

PRÉCIEUSE PENDULE du TEMPS de LOUIS XVI

TABLEAUX

Mᵉ Edouard **FOURNIER**

COMMISSAIRE-PRISEUR

29, Rue de Maubeuge

M. Arthur **BLOCHE**

EXPERT PRÈS LA COUR D'APPEL

21, Boulevard Haussmann

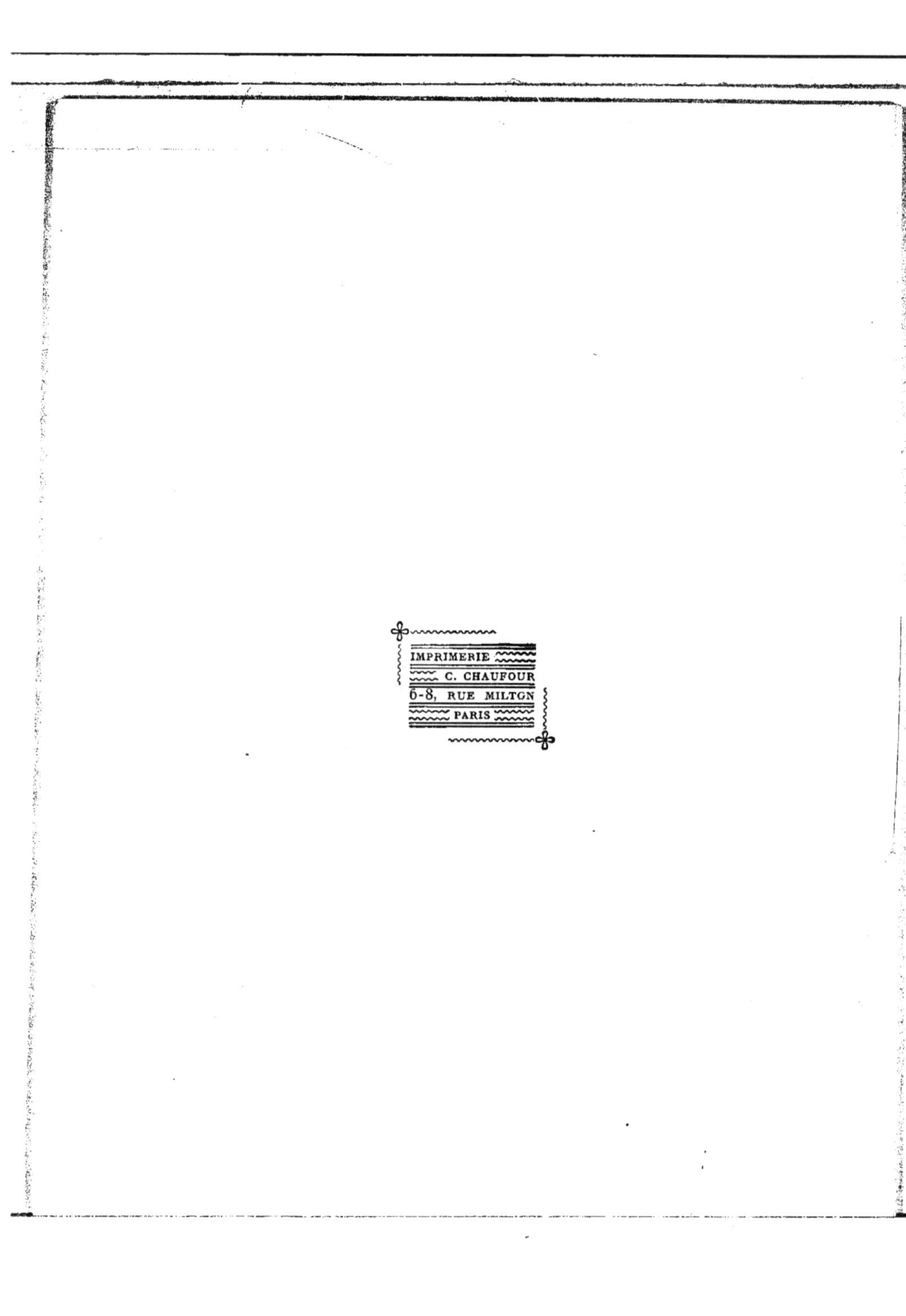
IMPRIMERIE
C. CHAUFOUR
6-8, RUE MILTON
PARIS

CATALOGUE

DES

OBJETS ANCIENS DE LA PERSE

ET DE

L'EXTRÊME-ORIENT

PRECIEUX TAPIS DE PRIÈRE ET DE MOSQUEES

Faïences, Porcelaines, Armes

OBJETS D'ART & D'AMEUBLEMENT

Meubles sculptés et incrustés

INTÉRESSANTE PENDULE ASTRONOMIQUE ÉPOQUE LOUIS XVI

Joli buste en marbre *Marquise de Pompadour*

TABLEAUX — DESSINS — MINIATURES

Curiosités diverses, Etoffes

DONT LA VENTE AURA LIEU

HOTEL DROUOT — SALLE Nº 1

Le Vendredi 26 Janvier 1912

A 2 HEURES 1/4

Mᵉ EDOUARD FOURNIER	M. ARTHUR BLOCHE
COMMISSAIRE-PRISEUR	EXPERT PRÈS LA COUR D'APPEL
29, Rue de Maubeuge, 29	21, Boulevard Haussmann, 21

EXPOSITION PUBLIQUE

Le Jeudi 25 Janvier 1912, de 2 heures à 6 heures

CONDITIONS DE LA VENTE

La vente sera faite expressément au comptant.

Les acquéreurs paieront *dix pour cent* en sus des enchères.

L'exposition mettant le public à même de se rendre compte de la nature et de l'état des objets, aucune réclamation ne sera admise une fois l'adjudication prononcée.

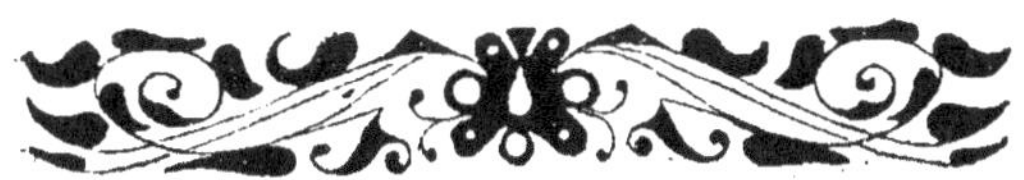

DÉSIGNATION

TAPIS D'ORIENT

1 — Tapis ancien de Kerchehir, dessin Portail, fond rouge et fond vert, bordure à petits motifs. $1^m75 \times 1^m35$.

2 — Tapis de soie, dessin très fin à médaillon sur fond bleu, bordure fond blanc. $1^m93 \times 1^m37$.

3 — Tapis ancien de Ladig, dessin à Portail, fond rouge, bordure à petits motifs; le bas à arcades bleues et rouges. $2^m05 \times 1^m15$.

4 — Petit tapis du Caucase, fond rouge à quatre petits médaillons, bordure fond blanc, dessin style Grec. $1^m50 \times 1$ m.

5 — Tapis ancien du Caucase, dessin à parterre de losanges, bordure fond blanc à rosaces. $2^m15 \times 1^m35$.

6 — Tapis ancien Chiraz, fond bleu à trois médaillons blancs et rouges, bordure à petites diagonales. 2 m. $\times 1^m30$.

7 — Tapis ancien de Perse Sineh, offrant au centre un médaillon losange fond rouge dans un plus grand à fond blanc contre-fond bleu à petit dessin. $1^m94 \times 1^m26$.

8 — Tapis ancien de Perse Sineh, dessin à palmes, genre cachemire sur fond bleu. $1^m95 \times 1^m25$.

9 — Tapis ancien Coula, médaillon fond rouge au centre, bordure fond blanc. $1^m95 \times 1^m15$.

10 — Tapis ancien Schirvan, fond jaune, à mosaïque fleurie, bordure fond rouge et bleu. $2^m90 \times 1^m12$.

11 — Tapis de Perse fond bleu, à grandes palmes polychromes, bordure à trois rayons de diverses teintes. $3^m15 \times 1^m05$.

12 — Tapis Hamadan ancien, fond bleu, à
motifs polychromes, bordure à trois rayons
rouges et bleus. 1m85 × 1m45.

13 — Tapis Chiraz, à trois médaillons fond blanc,
contre-fond à rayures. 1m65 × 1m10.

14 — Tapis du Caucase, fond bleu, à trois médaillons polychromes. 2m15 × 0m90.

15 — Tapis de Boukara, dessin dans le goût
Assyrien, fond orange. 1m37 × 1m21.

16 — Tapis ancien de Coula, à fond clair, petits
dessins polychromes. 1m85 × 1m17.

17 — Tapis ancien de Coula, le milieu fond
rouge, bordure à quatre rayons de dessins
fleuris très fins. 1m73 × 1m16.

18 — Tapis ancien de Coula, fond vert clair,
dessin archaïque, bordure à rayures. 1m75×1m21

19 — Tapis ancien Goeurdez, à fond clair, médaillon à rosaces, encadrement assez large à
motifs variés. 2m30 × 1m28.

20 — Tapis ancien de Coula, fond orange, dessin
à carrelages et fleurs. 1m84 × 1m25.

21 — Tapis Chiraz, fond rouge, médaillon fond blanc et fond bleu à riches dessins de fleurs et d'ornements. $2^m45 \times 1^m45$.

22 — Tapis de Perse Sarrouk, dessin très fin sur fond gros bleu, contre-fond rouge. $2^m20 \times 1^m21$.

23 — Grand tapis de Smyrne, fond blanc, à dessin polychrome. $4^m80 \times 4^m10$.

24 — Grand et beau tapis de soie, dessin représentant des scènes de chasse, à travers un paysage montagneux, avec animaux de toutes espèces ; bordure claire à paysage avec animaux. $4^m70 \times 3^m50$.

25 — Tapis galerie ancien de Daghestan, tissus velouté, fond bleu à médaillon.

26 — Tapis d'Anatolie à dessin bleu sur fond rouge.

27 — Tapis galerie Goeurdez, dessin polychrome.

28 — Tapis de prière à dessin archaïque, brodé en fil d'or sur soie.

29 — Tapis de galerie, ancien Ferahan fond
rouge, dessin et bordure polychrome.
7 m. $\times$ 1ᵐ5o.

3o — Portière de Caramanie, dessin polychrome
sur fond rouge.

31 — Tapis ancien d'Anatolie, fond rouge, bordure fond jaune, offrant au centre un décor
archaïque.

32 — Grand tapis Ouchak, fond rouge, à médaillon et bordure, dessin hispano-mauresque.

33 — Grand tapis de Smyrne, fond rouge à médaillon bleu clair ; bordure polychrome.

34 — Tapis de prière en soie, dessin archaïque.
Travail d'Anatolie.

35 à 42 — Suite d'étoffes brochées et brodées,
anciennes et modernes. (Sera divisé).

FAÏENCES DE PERSE

43 à 53 — Suite de onze potiches en ancienne faïence de Perse, à décors variés.

54-55 — Deux plats en ancienne faïence de Perse, fond bleu turquoise à dessin manganèse.

56-57 — Deux coupes à décor analogue.

58-59 — Deux bols de même facture.

OBJETS DIVERS

60 — Aiguière et bassin en cuivre gravé et étamé. Travail ancien de la Perse.

61 — Large ceinturon de Derviche ancien, enrichi d'agates.

62 — Coffret en laque de Perse, décor à feuillages et ornements.

63 — Coffret en laque et incrustations de la Perse. Travail ancien.

64 à 68 — Huit miniatures persanes à personnages Scènes allégoriques.

69 — Paire de vases du Japon, décor polychrome.

70 — Paire de vases de Chine, décor oiseaux et paysage.

71 — Grande cruche en ancienne faïence de Talavéra.

72 — Deux potiches avec couvercles de Chine, décor au Coq, dans des paysages.

73 — Support avec Samovar en cuivre rouge et jaune.

74 — Statue en terre cuite polychromée de Madrassi. Premier chagrin.

75 — Paire de vases en marbre brèche clair, montés en bronzes à guirlandes de fleurs et tête de bélier. Style Louis XVI.

76 — ECOLE MODERNE. Scène Algérienne dans un paysage.

77 — ECOLE MODERNE. Femme japonaise.

78 — ECOLE CHINOISE. Importante composition de nombreux personnages dans un paysage, représentant des scènes de Chasse et autres, grande peinture intéressante.

79-88 — Collection d'armes orientales, pistolets, fusils, poignards, etc. (Sera divisée).

89 — Lot de pierres dures, gravées et entailles. (Sera divisé).

90-95 — Divers bijoux anciens et orientaux.

96 — NEUVILLE (A. De). Cheval tué dans la neige. Esquisse.

97 — Grand buste de Napoléon Ier en marbre.

98 — Petit buste de Napoléon Ier en bronze avec socle marbre.

99 — Boite en forme de livre en maroquin vert, contenant les médailles Napoléonniennes par ANDRIEU.

100 — Costume complet, habit, gilet, calotte en soie brodée Louis XVI.

101 — Costume complet, François Ier, justau-
corps brodé argent, cuirasse, maillot, chapeau
bottes, épée.

102 — Costume complet de hussard, 1er empire.

103 — Costume complet de garde-noble avec
chapeau, souliers, épée.

104 — Petit buste en marbre de Diane enfant.
Signé de GALOUZY.

105 — Joli buste en marbre, représentant
Madame de Pompadour, regardant vers la
gauche, gracieusement enveloppéé de dra-
peries.

106 — Petit buste en bronze ancien « Voltaire »
sur socle en marbre bleu turquin.

107 — Deux petits bustes en bronze : Henri IV
et Sully, sur socle marbre blanc. XVIIIe siècle.

108 — Deux chimères en vieux Chine, décor
vert et jaune d'ocre.

109 — Seau avec couvercle en bronze à figure
diabolique.

110 — Petit cabinet forme hispano-arabe garni de cuivre repercé.

111 — Boîte à gants en cuivre doré.

112 — Aiguière et bassin en cuivre d'après BRIOT. Style Renaissance.

113 — Sceau en cuivre. XVIe siècle.

114 — Huit verres peints et émaillés à sujets Louis XV. Epoque XVIIIe siècle.

115 — Petite théière pantagonale, décor polychrome et or.

116 — Petit cabinet en laque aventuriné avec ibis en burgau.

117 — Coffret à bijoux en cuivre avec miniature, portrait de femme.

118-119 — Deux fontaines en marbre gris.

120 — **Curieuse et précieuse pendule astronomique** en forme de temple, colonnettes en marbre blanc et bronzes dorés, supportant le méridien où sont inscrits en émail les mois l'année, sur lequel évolue une mappemonde

éclairée ou par la lune ou par le soleil. Cette pièce est des plus intéressantes comme mouvement d'horlogerie terrestre. Elle date de la fin du xviiie siècle.

121 — Paire de flambeaux argentés de CHRIS-TOFLE. Style Louis XVI.

122 — Petit baril en cristal gravé avec robinet en bronze, sur fût bois doré.

123 — Petit écran en bronze verdi et doré. Style Ier Empire.

124 — Petit médaillon, profil d'homme sur faïence blanche.

125 — Grand plat en porcelaine du Japon, décor à oiseaux et fleurs avec bordure à lambrequins en bleu, rouge et or.

125 *bis* — Divers objets de vitrine.

MEUBLES

126 — Petite encoignure à étagère avec tiroir en bois d'acajou ouvrant à coulisseaux, avec bronzes. Style Louis XVI.

127 — Deux tables pliantes en acajou.

128 — Table pliante laquée et peinte à fleurs et oiseaux.

129 — Table à ouvrage en marqueterie de bois. Style anglais.

130 — Table à jeu à prolonges, à quatre pieds cannelés Louis XVI.

131 — Fontaine avec bassin en laque noir, burgauté et doré.

132 — Trumeau avec glace et peintures en grisaille, allégorie de l'Automne, encadrement en bois sculpté et doré à rocailles. XVIIIe siècle.

133 — Guéridon pliant en acajou.

134 — Table à deux tiroirs en bois de palissandre style Louis XV.

135 — Table à prolonges en acajou à pieds cannelés.

136 — Fauteuil en bois sculpté, travail oriental.

137 — Petite table ronde chiffonnière en marqueterie de bois ornée de bronze, dessus en marbre. Style Louis XVI.

138 — Quatre chaises à dossiers forme lyre, en bois sculpté et doré.

139 — Petit canapé, bois sculpté et doré, avec coussin et tétière en soierie brochée. Style Louis XVI.

140 — Guéridon en bois de Teck orné d'incrustations de nacre, travail du Tonkin.

141 — Table en bois des îles de Chine ornée d'incrustations de nacre.

142 — Coffret incrusté de nacre, d'agate et de jade, travail ancien de Chine.

TABLEAUX — DESSINS

143 — BARON. Jeune fille lisant.

144 — BOUCHER (Ecole de). Jeune femme et ange. Dessin rehaussé.

145 — DAUMIER (Genre de). Les Amateurs. Dessin.

146 — MEIFFREU (E.). Vue d'Espagne. Paysage.

147 — MELNIK. La Femme et le Perroquet.

148 — ÉCOLE FLAMANDE. L'Ecrivain. Peinture sur panneau, cadre en bois noir guilloché.

149 — ÉCOLE FRANÇAISE XVIIIe SIECLE. Portrait de jeune femme regardant vers la gauche. Pastel.

150 — ÉCOLE FRANÇAISE. Portrait du peintre : Français. Dessin.

151 — Tableaux et objets omis.

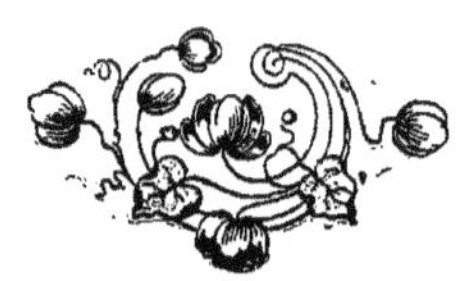